NOTICE

SUR LA VIE

DU

PÈRE ASTIER

PRÊTRE DE LA CONGRÉGATION DES SACRÉS-CŒURS

PREMIER SUPÉRIEUR DU GRAND SÉMINAIRE DE SÉEZ

APRÈS LA RÉVOLUTION

PAR

M. L'ABBÉ TURGAN

Supérieur du même séminaire

SÉEZ

TYPOGRAPHIE E. MONTAUZÉ

IMPRIMEUR DE L'ÉVÊCHÉ

NOTICE

SUR LA VIE

DU

PÈRE ASTIER

PRÊTRE DE LA CONGRÉGATION DES SACRÉS-CŒURS

PREMIER SUPÉRIEUR DU GRAND SÉMINAIRE DE SÉEZ

APRÈS LA RÉVOLUTION

PAR

M. L'ABBÉ TURCAN

Supérieur du même Séminaire

SÉEZ

TYPOGRAPHIE F. MONTAUZE

IMPRIMEUR DE L'ÉVÊCHÉ

NOTICE

SUR LA VIE

DU PÈRE ASTIER

Le premier Supérieur du Grand Séminaire de Séez, après la Révolution, fut le Père Astier.

Il naquit le 30 novembre 1764 au village de Vernazou, paroisse de St-Cirgues-en-Montage, dans le diocèse de Viviers.

Il fut baptisé le jour même de sa naissance, et reçut les noms de Jean-Pierre.

Son père, Claude Astier, et sa mère, Agnès Boyer, étaient cultivateurs. La maison qu'ils habitaient existe encore : c'est une vaste ferme d'exploitation agricole. Ils s'étaient concilié, par leur probité et leur vertu, l'estime de tous les habitants de St-Cirgues.

La famille était nombreuse : elle se composait de six garçons et de deux filles.

Les détails nous manquent sur la première partie de la vie de Jean-Pierre. Nous savons seulement qu'il manifesta de bonne heure le désir d'être prêtre ; qu'il fit ses humanités et ses études théologiques dans ce but ; et qu'une de ses tantes, pour laquelle il conserva toujours la plus vive reconnaissance, lui rendit, ainsi qu'à ses frères et sœurs, des services importants.

Il était au Séminaire de Viviers, et avait été ordonné diacre, quand la Révolution éclata.

Ses supérieurs l'invitèrent à prendre le sacerdoce ; mais la haute idée qu'il s'était faite de cette dignité, la crainte de ne pas en remplir les fonctions d'une manière assez sainte, un sentiment profond de son indignité, le scrupule dont Dieu permit qu'il fût tourmenté pendant plusieurs années, enfin et surtout, l'immense scandale donné par son évêque, Mgr de Savines, l'un des quatre prélats qui prêtèrent serment à la Constitution civile du clergé, toutes ces choses le déterminèrent à ne pas accepter l'invitation qui lui était faite.

Au sortir du Séminaire, il rentra dans sa famille.

La persécution éclata aussitôt. Elle fut épouvantable : depuis Dioclétien, l'Eglise n'en avait point vu d'aussi cruelle. Tous les ecclésiastiques restés fidèles à leur devoir furent obligés de prendre le chemin de l'exil ou de se cacher comme des malfaiteurs ; ceux qui étaient découverts étaient massacrés ou condamnés à une déportation plus affreuse que la mort. M. Astier crut pouvoir rester à Vernazou. N'étant pas prêtre, il espérait être moins inquiété. Comme les habitants de St-Cirgues étaient profondément religieux, il pensait n'avoir rien à redouter de leur part. Quant aux étrangers, le pays leur était fermé par les neiges durant la plus grande partie de l'année ; et, pendant la belle saison, il offrait sur ses montagnes et dans ses forêts mille retraites assurées.

Il fut en effet assez tranquille pendant toute la tourmente révolutionnaire. On ne voit pas qu'il ait couru de graves dangers. Une fois seulement, des patriotes, qui pourchassaient les prêtres cachés, le rencontrèrent le long d'un chemin, et le fixant attentivement : « Celui-ci, se dirent-ils entre eux, a bien les allures d'un calotin ; » mais il n'eut pas l'air de s'en émouvoir, et ils continuèrent leur route.

Une partie de son temps était employée aux travaux agricoles ; l'autre était donnée à la prière ; il gémissait sur les maux dont il était le témoin, implorait la miséricorde de Dieu en faveur de la France, et attendait patiemment des jours plus heureux. Souvent même il formait le dessein d'entrer, après la tempête, dans quelque ordre religieux, afin de contribuer davantage à réparer les ruines dont il se voyait entouré.

Il y avait dix ans qu'il priait, quand enfin Dieu se laissa fléchir. En 1801, Napoléon signa avec Pie VII le Concordat qui devait rendre la paix à l'Eglise. Cette nouvelle répandit une joie immense dans les montagnes du Vivarais ; mais nul ne l'apprit avec plus de bonheur que M. Astier : c'était à ses yeux, le triomphe de la Religion, le salut de la France, et, pour lui-même, la liberté de correspondre à sa vocation.

La difficulté était de trouver un Ordre religieux. Tous ceux qui existaient avant la Révolution étaient détruits : il n'en restait que le souvenir. Mais la Providence y avait pourvu.

Au fort même de la Terreur, lorsque l'Église était réduite à se cacher dans les catacombes, un saint prêtre, le Père Coudrin, et une noble fille, Henriette Aymer de la Chevallerie, avaient jeté à Poitiers les fondements d'une Congrégation nouvelle, divisée en deux branches, l'une d'hommes et l'autre de femmes, et désignée sous le nom des Sacrés-Cœurs. Henriette était nièce de M. de Rohan-Chabot, ancien évêque de St-Claude : elle s'était empressée de faire connaître à son oncle et l'Institut naissant et son pieux fondateur. Nommé à l'évêché de Mende, auquel celui de Viviers avait été réuni, Mgr de Chabot avait proposé au P. Coudrin d'être son grand vicaire ; et celui-ci, qui avait besoin d'un protecteur pour son Œuvre, avait accepté. Tous deux étaient partis pour Mende, au mois de juin 1802, et Mère Henriette s'était hâtée de les rejoindre.

Le siège de la Congrégation des Sacrés-Cœurs passait ainsi du Poitou dans le Gévaudan et le Vivarais.

Cette nouvelle se répandit promptement dans tout le diocèse et fut pour M. Astier comme un trait de lumière : sa voie était trouvée. Cependant il ne voulut pas agir à la légère : durant plusieurs mois, il réfléchit, consulta, et recourut à l'oraison. Au commencement de 1803, sa décision était prise. Le 17 janvier, il dit adieu à ses parents qu'il ne devait plus revoir pour la plupart, et prit la route de Mende, où le P. Coudrin et Mère Henriette l'attendaient.

Il commença aussitôt le temps de sa probation et prit le nom d'Antoine, à cause du Saint dont on faisait la fête.

Son mérite fut bientôt apprécié. Il aimait la retraite et le silence, était respectueux envers ses supérieurs et docile à leurs ordres, et se montrait plein de charité et de douceur envers les autres religieux. Ses vertus de prédilection étaient l'humilité et la mortification. Il couchait sur la planche, et pratiquait de rudes pénitences. On l'apelait le saint homme ; et il méritait ce surnom.

Le P. Coudrin avait à porter un double fardeau : celui de l'administration diocésaine, si compliquée à une époque où tout était à faire, et celui de la direction de sa Communauté. C'était au-dessus des forces d'un seul homme : il lui fallait un aide.

Il proposa à M. Astier de le faire ordonner prêtre. Les scrupules de celui-ci n'avaient pas encore entièrement disparu ; cependant telle était son obéissance que quelques paroles de son Supérieur suffirent pour le déterminer. Il se prépara au sacerdoce, et Mgr de Chabot lui imposa les mains.

Aussitôt après son ordination, le P. Coudrin le chargea de gouverner, sous sa direction, la Maison de Mende.

Cette Maison avait déjà pris beaucoup de développement. Elle se composait, d'abord, des religieuses, de leur noviciat et de leur pensionnat de demoiselles ; et, ensuite, d'un petit collège pour les enfants qui se destinaient au sacerdoce, et d'une sorte de séminaire pour les Ordinands.

C'en était assez pour exercer le zèle de M. Astier. Il se mit à l'œuvre avec courage. Se défiant de ses propres lumières, il recourait à celles du P. Coudrin. Aussi réussit-il à merveille. Sa bonté lui gagna tous les cœurs ; religieux et religieuses, maîtres et élèves, tous étaient contents. Il avait justifié les espérances qu'on avait conçues de lui.

Une épreuve terrible contribua à lui gagner les sympathies. Les fièvres malignes se répandirent dans son pays natal ; Vernazou, le séjour de ses parents, fut particulièrement éprouvé. Son père, quatre de ses frères, deux de ses sœurs succombèrent en peu de jours. Ces désolantes nouvelles, comme celles qui accablèrent autrefois le saint homme Job, lui furent apportées coup sur coup. Sa douleur fut immense. Mais, semblable au patriarche de l'Idumée, il ne pécha point en tout ceci. Prosterné contre terre, il adorait respectueusement la main qui le frappait. Jamais sa vertu n'avait paru si grande. Toute la Maison en fut profondément édifiée. Chacun le plaignait et l'admirait en même temps.

Ce fut peut-être pour adoucir ses peines que Mère Henriette voulut qu'il l'accompagnât à la Louvesc. Cette bourgade, située sur un plateau gazonné, qui domine les vallées et les pics d'alentour, est un lieu de pèlerinage très célèbre dans le Midi. C'est là que mourut l'Apôtre du Vivarais et du Velai, S. François Régis. Les pèlerins affluent à son tombeau, tantôt séparément, tantôt par caravanes. Mgr de Chabot et le P. Coudrin, presque aussitôt après leur arrivée à Mende, étaient venus chercher près de ce tombeau le courage et le dévouement dont ils avaient besoin. Mère Henriette voulut les imiter : elle partit avec le P. Antoine. Chemin faisant, ils traversèrent une bourgade, où, pendant la Terreur, un prêtre avait été massacré pour la foi. Tous deux s'agenouillèrent sur sa tombe, implorèrent son intercession; et, tandis qu'ils se retiraient, le P. Antoine laissa échapper ces belles paroles : « Hélas ! il est mort pour son Dieu ! moi, je n'en étais pas digne ! » Arrivés à la Louvesc, ils donnèrent un libre cours à leur piété. Les vertus du Saint, ses travaux, ses souffrances, sa sainte mort, furent l'objet de leur méditation. Le bon Père célébra le saint sacrifice à l'autel où la châsse reposait : Mère Henriette y communia ; ils prièrent l'un et l'autre pour eux-mêmes et pour la Congrégation ; puis, ils s'en retournèrent à Mende, pleins d'une nouvelle ardeur.

M. Astier ne resta pas longtemps dans cette ville.

La capitale du Quercy, Cahors, cette cité autrefois si riche en établissements d'éducation, n'avait plus ni séminaire, ni collèges, ni petites écoles pour les indigents, ni pensionnats pour les filles : là, comme partout, la Révolution n'avait su que détruire. La renommée ne tarda pas à faire connaître le bien que la Congrégation des Sacrés-Cœurs opérait à Mende. Le Conseil municipal s'émut, et, après s'être concerté avec l'Evêque du diocèse, Mgr de Grainville, demanda au P. Coudrin de lui envoyer quelques-unes de ses religieuses. La proposition fut acceptée : une colonie fut formée, et sœur Ludovine mise à la tête. C'était une demoiselle de la Marsonnière. Pendant la Terreur, elle avait été jetée plusieurs fois en prison, et avait vu la mort de très près. Le monde l'avait attirée ensuite ; mais bientôt, renonçant à ses fausses joies, elle s'était donnée à Dieu, et était entrée dans la Congrégation des Sacrés-Cœurs. Femme de sens, d'un cœur exquis, d'une nature généreuse, elle avait un talent particulier pour gagner la confiance. Ses compagnes l'avaient surnommée « La Bonne des bonnes, » à cause de sa vertu et son aménité. Il était impossible de faire un meilleur choix.

M. Astier fut nommé supérieur du nouvel établissement.

La nouvelle de son départ détermina dans toute la Communauté une explosion de regrets et d'éloges. Son successeur se fit l'écho de ce double sentiment dans sa première allocution, quand il dit : « Pour acquérir l'esprit de notre état et nous animer à l'amour de la règle, nous n'aurons qu'à nous rappeler les exemples édifiants que nous avons eus sous les yeux pendant que le P. Antoine était au milieu de nous. » Il n'y eut personne qui ne ratifiât cet éloge.

Il partit au mois d'août 1803.

Une Maison ne se fonde guère sans épreuves : M. Astier en fit l'expérience. Il fut accueilli froidement à Cahors. « C'était un prêtre étranger. Il était religieux. Ses manières se ressentaient de la montagne. Sa vie était trop austère. » Mais sa douceur, sa patience, sa conduite pleine de sagesse, eurent bientôt dissipé ces nuages. On l'aima dès qu'on le connut.

A la fin des vacances, l'école et le pensionnat des filles furent ouverts. Le succès fut complet. L'instruction était sérieuse ; l'éducation parfaite : parents et enfants, tout le monde était ravi. C'est que le P. Astier et Sœur Ludovine avaient su établir dans la Maison l'ordre, la discipline, l'amour de l'étude et la pratique de la piété.

Mais les écoles de garçons faisaient toujours défaut. La ville murmurait. Le Préfet et le Maire s'adressèrent à M. Astier, et lui proposèrent de fonder un second établissement où l'instruction serait donnée gratuitement aux élèves. Le Père en référa à son Supérieur qui lui envoya des Frères ; et l'école fut fondée. Ce que fut M. Astier au milieu de ses enfants, sœur Ludovine nous l'apprend. « Il les aime, dit-elle dans une de ses lettres, et ne les gâte pas. Ceux-ci le craignent et l'aiment tout ensemble. » Les Frères ne lui étaient pas moins attachés. « Ne pouvant avoir la consolation de vivre avec vous, écrivait l'un d'eux au P. Coudrin, ce m'est un dédommagement de vivre sous la conduite du P. Antoine. » Il les conduisait, en effet, avec une bonté admirable, les consolant dans leurs peines, veillant sur eux dans leurs maladies, et ne négligeant rien pour leur faire plaisir. « Je me plais avec eux, disait-il quelquefois, parce qu'ils me passent bien des choses. »

Un champ nouveau ne tarda pas à s'ouvrir devant lui. L'évêque de Cahors, Mgr de Grainville, au diocèse duquel le Concordat avait uni Rodez et Montauban, voyait tous les jours s'éclaircir les rangs de son clergé. Sa préoccupation était grande ; encore quelques années, il n'aurait plus de prêtres. Le jour de la Pentecôte 1805, il dit à son Grand Vicaire, M. de Ladevèze, qu'il lui fallait un Séminaire à tout prix, et qu'il le chargeait de l'éta-

blir. La chose était difficile : point de local ; point de ressources ; point de personnel. Le Grand Vicaire pria M. Astier
d'entreprendre encore cette œuvre. « Vous logerez les séminaristes
dans votre maison, dit-il ; le P. Coudrin vous donnera de ses
prêtres ; et, nous, nous vous donnerons les secours que nous
pourrons recueillir. » Le Père accepta. Des Séminaristes arri-
vèrent. D'abord, ils n'étaient que huit ; ils furent bientôt soixante.
Quelques Pères leur enseignaient la Théologie : M. Astier les
dirigeait. Quant aux moyens d'existence, il s'en rapportait à la
Providence. « Dans notre Institut, répétait-il souvent, c'est l'œuvre
qui fait accroître les ressources, et non les ressources qui font
accroître l'œuvre. » On ne saurait dire les services qu'il rendit
par là au diocèse de Cahors.

C'est ainsi qu'il préludait au ministère qu'il devait remplir au
milieu de nous. Voici comment il y fut amené.

Pendant les premières années qui suivirent la Révolution, nous
n'avions pas de Grand Séminaire. Un pieux chanoine, ancien
Supérieur du Séminaire de Falaise, ancien Vicaire général de
Mgr d'Argentré, M. l'abbé Delaunay, avait, il est vrai, réuni dans
sa maison quelques aspirants au sacerdoce. Deux professeurs, dont
l'un était M. Orlot, depuis principal du petit Collège de Vimoutiers,
leur donnaient des leçons de Théologie et de Philosophie. Mais
ce n'était là qu'une ébauche de séminaire, ébauche même très
éphémère ; car la mauvaise santé de M. Delaunay annonçait une
mort prochaine.

Notre évêque, Mgr Chevigné de Boischollet, homme simple
mais bon, d'un talent médiocre mais d'une grande foi, ne pouvait,
sans douleur, envisager cette situation. Dans un de ses man-
dements, il laissait échapper cette plainte amère : « Les malheurs
de la Révolution ont moissonné la moitié de mes prêtres, et
doublé les années de ceux qui ont survécu : soixante-treize
de ces derniers sont morts depuis que je suis monté sur mon
siège : je vois que, avant trois ans, le tiers et même la moitié de
mes succursales resteront vacantes. Les vieillards de la généra-
tion présente verront l'herbe croître dans les places de Jérusalem
et dans les parvis du temple. »

Mais que faire pour conjurer ce malheur ?

Le P. Coudrin était presque son compatriote ; il l'avait connu
pendant la Révolution, et avait renouvelé connaissance avec lui,

dans un voyage qu'il avait fait à Paris en 1804. Il lui offrit la direction de son Séminaire.

Il fit plus. Ayant appris que Mgr de Chabot avait donné sa démission, que le P. Coudrin, par conséquent, n'était plus Grand Vicaire de Mende, et qu'il devait renoncer à fixer dans cette ville la Maison-Mère de sa Congrégation, il lui proposa de venir s'établir à Séez. « Vous voulez former un nouvel Établissement qui sera utile en France, lui écrivait-il, je vous en donnerai tous les moyens. Vous prendrez dans ce diocèse les jeunes gens que vous y trouverez propres, et, ensuite, en les envoyant dans d'autres diocèses, ils en formeront eux-mêmes qui viendront se perfectionner ici. » Il ajoutait : « Mon Séminaire deviendra le berceau de votre Congrégation. Je vous laisserai prendre les sujets qui pourront vous convenir, trop heureux si je puis remplacer Mgr de Chabot. Les jeunes gens que l'on pourra tirer des autres diocèses, on les élèvera ici. Nous tâcherons, l'un et l'autre, que mon diocèse ne manque pas de sujets, ni votre Congrégation. »

Enfin, pour s'attacher le P. Coudrin d'une manière tout épiscopale, il lui envoya, en mai 1805, des lettres de Grand Vicaire, le priant de se rendre auprès de lui. Le voyage eut lieu. Le P. Coudrin passa à Séez toute la semaine de la Fête-Dieu. Des pourparlers s'engagèrent. Le Père écarta l'idée de fixer ici le siège de sa Congrégation ; il avait trouvé à Paris des conditions plus favorables. Il n'accepta pas non plus la dignité de Grand Vicaire, qui lui devenait inutile, et qu'il ne pouvait exercer. Mais il s'engagea à prendre la direction du Séminaire, et à fournir un personnel dès que Monseigneur serait en mesure.

L'Évêque se mit immédiatement à l'œuvre. La première chose à faire était de trouver un local. Sa pensée se porta sur la maison qui avait appartenu à Monseigneur d'Argentré, et qui est située à la porte d'Argentan. C'est celle qu'on désigne aujourd'hui sous le nom de Vieux Séminaire. Il la demanda au Gouvernement, qui répondit d'abord par un refus, mais qui la céda ensuite. Les locataires furent congédiés aussitôt, et les réparations commencèrent.

Le P. Coudrin s'occupa alors de former un personnel. Il fut ainsi composé : le P. Astier, supérieur ; le P. Hilarion Lucas, professeur de théologie ; et le P. Timothée Mocquet, professeur de philosophie.

On connaît M. Astier. Nous n'ajouterons qu'une chose ; c'est que, même avant son arrivée, Mgr de Boischollet avait obtenu pour lui du Gouvernement le titre de chanoine de la Cathédrale. La nomination est du 4 avril 1806.

Quant au P. Hilarion, c'était un jeune homme d'esprit et de talent, qui venait d'être ordonné prêtre. Ses idées nettes, sa logique serrée, sa parole vive, l'avaient désigné pour l'enseignement : il professait la théologie à Mende. On a dit qu'il était docteur en Sorbonne : c'est une erreur ; ce titre ne lui appartint jamais.

Le P. Timothée était moins capable que le P. Hilarion ; mais il avait de la vertu et beaucoup de bonne volonté : de plus, il savait se faire aimer et se faire estimer.

Quand tous ces arrangements furent conclus, le P. Coudrin se hâta d'en informer le P. Astier. Ce fut pour celui-ci un événement : il s'agissait d'occuper une des premières places du diocèse, d'entrer dans l'administration épiscopale, et de présider à la formation du jeune clergé, l'espérance de l'avenir. Son humilité s'en alarma. « L'emploi le plus modeste, répondit-il, me conviendrait mieux que ce poste élevé. » Mais, confiant dans le secours de Dieu, il se soumit à la volonté de son Supérieur.

Il quitta Cahors au commencement de juillet 1806. Les adieux furent touchants : il emportait les regrets de tous ceux qui l'avaient connu, prêtres et laïques.

Il arriva à Séez le 12 juillet, et fut installé chanoine le 14.

Autour de Mgr de Boischollet se trouvaient alors groupés plusieurs prêtres fort remarquables : M. Leclerc, ancien député aux États généraux, qui unissait à un talent peu commun une rare courtoisie ; M. Le Vavasseur, ancien prieur de l'Abbaye de Silly ; M. Legallois, curé de Couterne, que recommandaient à la fois son savoir, sa prudence et sa vertu ; M. Villerol, fondateur de la Communauté de la Ste-Famille, qui avait gouverné le diocèse, en l'absence de Mgr d'Argentré, durant la Révolution. Le P. Astier commença à prendre rang parmi eux.

Aussitôt après son arrivée, Monseigneur le chargea de diriger les travaux d'appropriation du Séminaire. Ces travaux, poussés avec vigueur, se trouvèrent terminés dans le courant d'octobre. Ils avaient coûté plus de douze mille francs.

Quand tout fut prêt, M. de Boischollet invita le P. Coudrin à assister à l'inauguration du nouvel Établissement, et à prêcher la retraite des élèves qui y entraient. « Il est essentiel, lui écrivait-il, que vous soyez présent. C'est le premier Séminaire en règle que votre Congrégation dirige : il faut que ce soit vous qui le mettiez sur un bon pied. »

La retraite commença le jour de la Toussaint au soir, et fut prêchée, en effet, par le P. Coudrin. Quand elle fut terminée, M. Astier et ses professeurs se mirent à l'œuvre.

Les élèves étaient au nombre de dix-neuf : seize théologiens et trois philosophes. L'année précédente, M. Delaunay n'avait pu en réunir que six. Aussi le bon Évêque était heureux. Il écrivait cinq jours après : « Grâces immortelles en soient rendues à Celui de qui vient tout don parfait, un meilleur ordre de choses vient rouvrir nos cœurs à la joie. Qu'il est consolant maintenant l'aspect qu'offre ce diocèse !... Dix-huit à vingt élèves se forment, dans notre Séminaire, aux vertus et aux sciences ecclésiastiques, sous la direction d'un Supérieur et de deux professeurs, qui annoncent par leurs talents et leur piété, qu'ils rendront à l'Église les services les plus signalés. »

En 1807 et en 1808, les élèves furent plus nombreux encore. Le Petit Séminaire de La Ferté-Macé, les collèges de Séez, d'Argentan et de Tinchebray, le pensionnat de Laigle, les écoles presbytérales de Cerisy-Belle-Étoile, de St-Georges, de Ste-Honorine, du Mesnil-Scelleur, commençaient à fournir des sujets.

Parmi ces élèves, on remarquait M. Radiguet, qui fut curé de St-Pierre et de la Cathédrale, puis chanoine et Grand Vicaire ; M. Filleul, d'abord curé de Beaulieu, puis de Tourouvre, et ensuite Grand Vicaire de Mgr Rousselet ; M. Hardy-Laubrière, curé de Champsecret, dont on admirait la force physique et les vertus sacerdotales ; M. Duhazé, mort curé de Bazoches-sur-Hoëne, et plusieurs autres qui ont honoré le diocèse par leur talent et leur vertu.

Au milieu d'eux, le P. Astier était comme un père. Destiné par vocation à une vie d'immolation et de sacrifice, il se sacrifiait et s'immolait par une fidélité constante aux obligations de sa charge. Comme à Mende et à Cahors, il donnait l'exemple de toutes les vertus. Austère pour lui-même, il était

indulgent pour les autres. La fondation d'un Séminaire rencontre
toujours de grandes difficultés : ce sont des résistances qu'il
faut vaincre, des privations qu'il faut s'imposer, des contra-
riétés qu'il faut souffrir en silence. Parmi toutes ces peines,
le pieux Supérieur se montrait plein de modération et de
douceur, inclinant toujours vers la miséricorde à l'égard des
personnes. C'est l'idée que nous donnent de lui ses lettres
malheureusement trop rares. Nous avons connu une partie
des prêtres qu'il forma. Ils avaient puisé, sous sa direction,
aux sources sacrées de l'esprit ecclésiastique. Leur vie était
austère, leur extérieur modeste, leur foi robuste, leur confiance en
Dieu très grande, leur zèle ardent et éclairé. A la vérité, leurs
connaissances n'étaient ni très profondes, ni très étendues. Mais
les besoins de l'époque ne permettaient pas les longues études.
Les prêtres manquaient : toutes les paroisses en demandaient :
on allait au plus pressé. Point de cours d'Ecriture sainte, par
conséquent, ni d'Histoire ecclésiastique, ni de Droit canonique.
On se contentait de la science strictement nécessaire, celle de la
Philosophie, du Dogme et de la Morale.

Les professeurs ne négligeaient rien pour procurer cette science
à leurs élèves. Le P. Hilarion a laissé parmi nous un nom qu'il n'aurait certainement pas s'il n'eût été instruit et s'il n'eût su com-
muniquer ses connaissances. Le P. Timothée le suivait de son
mieux ; mais il eut à peine le temps de se faire connaître. Il fut
rappelé en 1808, et remplacé par un prêtre du diocèse, M. l'abbé
Boisnet, ancien Eudiste, qui avait professé la théologie au
Séminaire de Blois avant la Révolution, et en Angleterre pendant
le temps qu'il passa dans l'exil. Vertueux, instruit, spirituel,
il aurait fait un professeur remarquable, si sa morale avait été
moins sévère.

Cependant, le nombre des élèves augmentant toujours, le
Séminaire se trouva trop étroit pour les contenir tous. Il fallut
chercher d'autres logements. Les uns furent placés dans la maison du Grand-Prêche ; les autres, dans différents endroits de la
ville. Ils se réunissaient au Séminaire pour les repas ; mais
le reste du temps ils vivaient dispersés. C'était un sujet de
peine pour le bon Supérieur.

Une autre chose l'affligeait. Le Séminaire n'avait pas de chapelle : un des appartements en tenait lieu. Comment appren-

dre les cérémonies aux jeunes gens? Il appela, dès son arrivée, l'attention de Monseigneur sur ce point ; et le Prélat entra d'autant plus facilement dans ses vues que le Département venait de lui voter un secours. Il crut devoir en entretenir ses diocésains. Dans un Mandement daté du 25 novembre 1806, il disait : « M. le Préfet, toujours plein de zèle, et à qui rien n'échappe pour le bien public, a proposé, et les membres du Conseil départemental ont voté trois mille livres pour les besoins de mon Séminaire. Un monument durable doit attester à nos neveux que des hommes d'État les plus profonds et les plus éclairés sur les véritables sources du bonheur public, ont voulu contribuer au rétablissement de la religion. J'emploierai cette somme à la construction de la chapelle de mon Grand Séminaire. » Cette chapelle fut construite à l'extrémité-ouest du Vieux Séminaire, sur l'emplacement d'une des tours de la porte d'Argentan, qu'on abattit à cet effet. Le style de l'édifice est celui de l'architecture grecque ; on n'en connaissait pas d'autre à cette époque. Il est très simple, les ressources dont on disposait étant très modiques. Sa construction doit remonter à l'année 1807 ou 1808.

Tout allait bien. Le Supérieur et les Directeurs remplissaient leurs fonctions avec zèle et avec succès. Les élèves avaient bon esprit. L'Évêque était content. Ce fut le moment que l'ennemi de tout bien choisit pour éloigner du Séminaire les religieux des Sacrés-Cœurs. Les choses se passèrent ainsi :

Le Maire de la ville de Séez, ancien révolutionnaire, par un zèle indiscret, et aussi, par opposition à l'Évêque, avait signalé au Gouvernement M. Astier et ses collègues comme membres d'un Institut religieux. C'était les placer dans une situation délicate et fâcheuse ; car les congrégations n'étaient pas autorisées par l'Etat. Le plus petit nuage devait apporter une tempête. C'est ce qui eut lieu en effet. En 1809, la persécution éclata contre le Souverain-Pontife. « M. Astier et moi, dit le P. Hilarion, nous nous étions prononcés assez fortement en faveur du Chef suprême de l'Église. Nous devînmes suspects au Gouvernement. On conseilla à M. de Boischollet de nous remplacer. Ce bon Prélat, qui lui-même, deux ans plus tard, devint victime de la persécution, crut pour le moment devoir céder à l'orage. Telle fut la cause de notre retraite. »

Cette retraite eut lieu au mois de juillet 1809. Le P. Hilarion se rendit à Paris, où le P. Coudrin s'était définitivement fixé ; mais le P. Astier, qui était chanoine titulaire de la Cathédrale, dut rester à Séez. Il avait été Supérieur du Séminaire seulement pendant trois ans.

Il se retira à la maison de l'Adoration.

Cette Maison avait été fondée deux ans auparavant. La ville de Séez, au commencement de ce siècle, comme la plupart des villes de France, n'avait pas de pensionnat de jeunes filles. Monseigneur de Boischollet le regrettait vivement. Pour combler ce vide, il s'était encore adressé au P. Coudrin, le priant de lui envoyer quelques-unes de ses religieuses. Le Père y ayant consenti, on avait acheté la maison de M. de Montferrand, qui donne sur le Cours, et Mère Henriette était venue y installer huit de ses filles. Sœur Ludovine, « la Bonne des bonnes, » que nous avons vue à Cahors, avait été placée à leur tête, et le P. Astier nommé leur Supérieur. Monseigneur de Boischollet s'était empressé de les bénir, leur avait promis sa bienveillante protection, et les avait autorisées à conserver dans leur oratoire la sainte Eucharistie. « Je suis heureux et fier, leur avait-il dit, d'avoir dans ma ville épiscopale des âmes dévouées à l'éducation de la jeunesse, et qui, par l'adoration de Notre-Seigneur dans l'Eucharistie, réparent les outrages énormes faits à la majesté divine... Le bon P. Astier sera un appui pour vous toutes. »

Le Père, en effet, leur rendit d'immenses services.

C'est lui qui soutint leur courage au milieu des épreuves par lesquelles elles passèrent dans les commencements. Car, outre le dénûment dans lequel elles se trouvèrent à leur arrivée, elles furent en butte aux plus vives inquiétudes. On alla jusqu'à les dénoncer au Ministre de l'Intérieur. « Elles appartenaient à une société secrète : c'étaient des fanatiques qui passaient les nuits dans les églises. » Monseigneur, qui voyait l'orage se former, craignit un coup de foudre : il engagea M. Astier à supprimer la sainte Réserve. Le Père obéit ; mais il permit aux Sœurs de continuer à se lever la nuit. Tournées du côté de la Cathédrale, elles adoraient Notre-Seigneur dans son tabernacle : « Nos cœurs le trouvent-là, disaient-elles. » Le bon Supérieur les encourageait : « C'est une épreuve ; ayez confiance ; Dieu y mettra un terme. » L'Empereur, en effet, ayant appris qu'elles se livraient à l'éducation, et qu'elles faisaient le bien partout où elles étaient, ordonna à son Ministre de les laisser tranquilles. C'est alors que le P. Astier leur adressa ces paroles qu'elles ont conservées précieusement : « Dieu aime souvent à placer ses amis intimes sur la croix. Là, ils boivent au calice de Jésus-Christ abandonné de son Père. Que ce bon Maître soit notre miroir ! Il n'est point de marque plus certaine de prédilection que de souffrir pour son amour. »

Grâce à lui, l'établissement ne tarda pas à être connu. Les familles un peu riches de la ville et de toute la contrée, s'estimèrent heureuses d'y placer leurs enfants. « Sous le gouvernement de sœur Ludovine, disent les Mémoires des Religieuses, la Maison de Séez, la plus jeune de toutes celles de la Congrégation, fut une des plus florissantes. » L'éducation, en effet, y était excellente : instruction, piété, maintien digne, manières simples et aisées, rien ne manquait à la formation des jeunes filles.

Le P. Astier savait se faire aimer des élèves. Au milieu d'elles, il se montrait grave et plein de bonté. Son bonheur était de leur faire connaître Dieu, de leur redire ses perfections adorables, et de les former à la vertu. Au catéchisme, il provoquait leurs questions, et prenait un grand plaisir à y répondre ; mais il voulait que ces questions lui fussent soumises auparavant. L'une de ces jeunes filles, que la mort vient de ravir à l'affection de sa famille et à la vénération de toutes les personnes qui l'ont connue, Madame Le Vavasseur, racontait que, un jour, elle lui avait posé une difficulté sur la prédestination. « Il me répondit fort longuement, disait-elle ; ce fut sans humeur, sinon sans embarras : il conclut au mystère. Somme toute, il fit preuve de sagesse et de bonté. »

Les Religieuses le regardaient comme un saint. Toutes avaient pour lui la plus profonde vénération. La Supérieure générale leur en donnait l'exemple. Elle écrivait à sœur Ludovine : « Dites au P. Astier, en lui offrant mon respect, que ses lettres me font un bien infini. Ma bien sincère vénération lui est acquise ; et c'est pour toujours. Je me recommande à la ferveur de ses prières. Je ne l'oublie pas : l'éloignement ne diminue ni n'affaiblit les respectueux sentiments que je lui ai voués. » La direction qu'il imprimait à ces Religieuses était vraiment remarquable. On peut en juger par les avis qu'il donnait à la Supérieure elle-même.

C'était peu après son départ du Séminaire. Sœur Ludovine, qui languissait depuis longtemps, se trouvait plus souffrante : la mort venait la chercher. Elle le pria de lui mettre par écrit ce qu'elle avait à faire, et il lui traça les instructions suivantes : « Vivez en paix. L'âme placée entre l'amour et la crainte doit s'abandonner entièrement à la bonté et à la miséricorde de Dieu. Peu de saints ont eu la certitude de la rémission de leurs fautes. On peut croire que cette incertitude est plus avantageuse que nuisible, soit parce qu'elle tient l'âme dans une profonde humilité, soit parce qu'elle nous fait chercher Dieu avec plus d'ardeur. Aimons Jésus-Christ sans désirer de retour ; aimons-le dans les amertumes de la vie, dans les souffrances, dans les délaissements : cet amour lui est plus cher et à nous plus méritoire... Je ne puis, ce me semble, voir de marques plus certaines de sa prédilection sur une âme que les souffrances que Dieu permet à son égard ; je parle d'une âme qui ne néglige rien pour se mettre bien avec son Dieu. Et pourquoi ne permettrait-il pas que votre cœur fût blessé, puisqu'il a bien permis que celui du Sauveur le fût ? Ne vous étonnez pas si la croix fait sentir son poids sur vos épaules ; votre bon Maître ne vous en a laissé qu'une partie ; vous n'avez qu'une épine qui vous perce la tête ; et lui, il en a porté une couronne ! Estimez donc plus cette épine que les perles et les diamants... Point de raisonnement ; croyons, espérons, aimons ; et tout ira bien. »

Cette bonne Supérieure mourut le 12 décembre 1809. Mme Azelle d'Ormay la remplaça, et le P. Astier s'entendit avec elle comme il avait fait avec Mme Ludovine, pour procurer le bien de la communauté et du pensionnat. « Il fut, selon une des Religieuses, un des plus pieux et des plus zélés collaborateurs du P. Coudrin. Pendant les dix années qu'il demeura à Séez, il se concilia le respect non seulement des sœurs qu'il dirigeait, mais encore de toute la ville, et de tout le diocèse. »

Ainsi s'écoulait la vie du P. Astier au sein de sa communauté ; il nous reste à le suivre au milieu du Chapitre de la Cathédrale dont il faisait partie.

Qui ne connaît, dans ce diocèse, les démêlés de Mgr de Boischollet avec Napoléon ? C'était en 1811. Le 31 mai, veille de la Pentecôte, le redoutable Empereur, revenant de St-Lô et allant à Alençon, traversait la ville de Séez. L'Évêque, son Chapitre et son Clergé l'attendaient sous le portail de la Cathédrale, afin de

lui présenter leurs hommages. C'est à peine s'il daigna les honorer d'un regard. Quatre heures après, le Prélat recevait l'ordre de se rendre le lendemain à Alençon. Il partit immédiatement, suivi de ses Grands Vicaires et de son Chapitre. M. Astier, n'ayant pu se procurer de voiture, fut obligé de faire la route à pied. On sait la manière brutale dont Monseigneur fut reçu. « Je suis très mécontent de vous. Vous entretenez ici des divisions. Vous voulez la guerre civile. Misérable ! votre diocèse est en désordre. — Sire, tout y est très bien. — Vous avez fait une circulaire très mauvaise. — Je l'ai changée. — Vous êtes un mauvais sujet. Donnez-moi votre démission sur l'heure. — Sire,... — Qu'on mette tout de suite la main sur ses papiers... » L'Evêque sortit, et tout le monde se retira.

Dire la consternation de tout le Clergé, et en particulier du P. Astier, en apprenant cette nouvelle, est impossible. Quelques heures après, les Grands Vicaires et les Chanoines furent appelés à leur tour. « Quel est celui d'entre vous qui conduit votre évêque, lequel d'ailleurs n'est qu'une bête ? » Quelqu'un désigna M. Legallois. — « Ah ! c'est vous ! » Et le despote envoya l'Evêque en exil dans la ville de Nantes, et M. Legallois en prison à Vincennes.

Grands Vicaires et Chanoines étaient plongés dans une espèce de stupeur. M. Astier courut auprès de Mgr de Boischollet, lui offrit ses services, reçut sa dernière bénédiction, et, en proie à la plus amère douleur, revint à Séez à pied, comme il en était venu.

En partant pour l'exil, le vieil Evêque disait : « Hélas ! la foudre m'a frappé ; et comme les vieux arbres qu'elle atteint, je ne m'en relèverai jamais. » Il disait vrai. Neuf mois après, il succomba à une attaque d'apoplexie.

Les deux Grands Vicaires de l'Evêque défunt, M. Leclerc et M. Le Vavasseur, furent nommés Vicaires capitulaires.

Un an après, le 14 avril 1813, l'Empereur nommait à l'évêché de Séez M. Baston, vicaire général de Rouen. C'était un homme d'un grand talent, d'une science rare, d'une conduite très correcte ; mais d'un tempérament nerveux, d'un esprit caustique et d'une piété assez commune. Le Pape Pie VII, prisonnier à Fontainebleau, recourait alors à la seule arme dont il pût se servir : il refusait l'institution canonique aux évêques nommés par son tout-puissant oppresseur. Il fit pour M. Baston ce qu'il faisait pour les autres.

En pareil cas, l'élu du pouvoir civil ne peut être appelé au gouvernement du diocèse. Cependant les chanoines de Séez, unaniment et par acclamation, nommèrent M. Baston Vicaire capitulaire, le chargeant d'administrer le diocèse conjointement avec M. Leclerc et M. Le Vavasseur. Mais son ambition n'était pas satisfaite. Il voulut gouverner seul, sans même consulter ses collègues. Alors s'éleva contre lui une opposition formidable. Deux Directeurs du Séminaire furent députés à Fontainebleau pour consulter le Pape sur la valeur de ses pouvoirs. La réponse fut que ces pouvoirs étaient complètement nuls. Alors, l'agitation fut extrême ; et Napoléon étant tombé sur ces entrefaites, le Chapitre révoqua la juridiction qu'il avait déléguée à M. Baston. M. Astier fut un des membres qui se prononcèrent le plus énergiquement contre lui. Il le fit jusqu'à trois fois en plein Chapitre. A la fin, voyant qu'il s'obstinait à rester à l'évêché, il l'avertit qu'il n'irait plus lui porter l'eau bénite et l'encens au chœur, comme on faisait d'habitude. M. Baston, qui savait son énergie, s'abstint d'assister aux offices. Quelque temps après, il se retira dans sa famille près de Pont-Audemer, où il mourut le 26 septembre 1825.

Ce fut la dernière action d'éclat que fit le P. Astier. Il déclinait depuis longtemps. Déjà, en 1808, Mère Henriette écrivait à une des religieuses de Séez : « Tâchez que le bon P. Astier soigne sa santé dont on dit du mal. » En 1815, le P. Coudrin crut devoir intervenir à son tour. « Que le bon Père Astier, disait-il, ménage sa santé dont je suis fort occupé ; qu'il ne me fasse pas le chagrin de s'en aller de sitôt ; qu'il quitte la planche sur laquelle il couche, et qu'il fasse gras. Je compte sur son affection filiale pour m'obéir en ce point. Qu'il vive pour édifier et fortifier ceux qui sont environnés de croix. » Mais, hélas ! il n'était plus temps. Le mal faisait de jour en jour des progrès ; et on dut songer à lui administrer les derniers Sacrements. Il les reçut avec une foi et une piété angélique. Il mourut le 14 août 1816.

Cette nouvelle fit au cœur du P. Coudrin une plaie profonde. Écrivant à un de ses religieux, il disait : « Nous pleurons le cher P. Astier, mort à Séez en odeur de sainteté. Quelle perte ! Je vais mettre tout mon être au pied de la croix de mon Sauveur. »

Le P. Astier était petit, mince, d'une constitution un peu faible. Il avait un accent gascon fortement prononcé. On devinait, à son abord, l'ancien habitant des montagnes. Sa mise était toujours très propre. D'un esprit droit et judicieux, il avait plutôt des qualités solides que brillantes. Son talent était ordinaire, mais son tact était sûr, ses sentiments délicats. Il jouissait d'un renom de sainteté, qui lui assurait une grande influence. Même après qu'il eut cessé de diriger le Séminaire, plusieurs prêtres le consultaient sur les difficultés qu'ils rencontraient dans l'exercice de leur ministère.

Il n'avait que cinquante-deux ans quand il descendit dans la tombe.

IMPRIMATUR.

† François-Marie, *Ev. de Séez.*

Séez. — Typ. Montauzé, imprimeur de l'Évêché.